NOUVEAUX ÉLÉMENTS

DE

PHOTOGRAPHIE.

Typographie de Vinchon, rue J.-J. Rousseau, 8.

NOUVEAUX ÉLÉMENTS

DE

PHOTOGRAPHIE,

NOUVELLE MÉTHODE

DE PHOTOGRAPHIE SUR PAPIER, SUR VERRE ET SUR PLAQUE MÉTALLIQUE,

OU

L'ART DE L'APPRENDRE SOI-MÊME SANS MAITRE,

Par **MILLET**, Professeur,

3, rue du Coq, maison de MM. Alphonse Giroux et Cᵉ.

Prix : 3 fr. 50 c.

Chaque personne qui prendra une de mes brochures dans mes ateliers aura droit à une leçon pratique par moi.

PARIS.

DÉPOT CHEZ L'AUTEUR.

—

1851.

INTRODUCTION.

La photographie fait chaque jour de rapides progrès; tous les photographistes expérimentateurs rivalisent de zèle, pour apporter chacun sa part de matériaux au grand édifice qu'ils veulent construire.

Le temps approche où cet art admirable, né en France et bientôt cultivé dans toute l'Europe civilisée, remplacera avec avantage celui de la gravure et de la lithographie. Les résultats obtenus ont déjà dépassé de beaucoup nos espérances.

Encore quelques perfectionnements, et la photographie sera placée au premier rang des arts.

A elle seule le pouvoir magique de rendre avec la plus exacte vérité l'image, le reflet de la personne aimée ou de l'objet qui nous rappelle d'agréables souvenirs.

A elle seule le pouvoir de reproduire tels qu'ils existent, tous ces chefs-d'œuvre de l'architecture, de la statuaire et de la mécanique que le temps eût infailliblement détruits, mais auquel, grâce à cette immortelle découverte, nous lui en ravissons l'image fidèle.

Le génie créateur de l'homme répand chaque jour ses bienfaits sur l'humanité. Chaque découverte, chaque invention lui apporte de nouvelles sources de bonheur et de jouissances. En effet est-il un art plus agréable, plus attrayant et plus sublime que la photographie !

Ce n'est pas une puissance humaine qui l'anime, qui le fait agir ; c'est une puissance céleste, c'est la lumière émanant de Dieu qui est l'artiste chargé du soin de reproduire l'image fugitive qui fait l'objet de nos désirs. Avec quelle fidélité et quelle exactitude ne s'en acquitte-t-elle pas ! Elle n'oublie rien, la beauté et la laideur sont parfaites de vérité, la nature est reproduite telle qu'elle est, et avec une foule de détails qui échappent à nos yeux.

Ce n'est pas sans un sentiment d'admiration et de reconnaissance pour MM. Niepce et Daguerre, inventeurs de cet admirable découverte que l'on voit un portrait ou autre reproduction photographiques.

Combien on admire le génie de ces deux hommes immortels, qui ont doté la France et l'Europe entière d'un art qui ne périra jamais ; l'héliographie traversera les siècles pour appren-

dre à la postérité les noms de ces deux inventeurs.

Lorsque le gouvernement français livra cette
belle découverte au public, l'enthousiasme fut
grand alors ; c'est à cet enthousiasme de la
nouveauté et du merveilleux qu'on doit le
progrès qu'a fait la photographie sur plaques et
sur papier. Les photographistes n'oublieront
jamais les Claudet et les Fizeau, qui les premiers firent faire un pas immense à la daguer-
réotypie, et ont si puissamment contribué aux
magnifiques résultats obtenus aujourd'hui sur
plaques métalliques qui ne laissent absolument
rien à désirer, si ce n'est l'obtention des couleurs et l'absence du miroitage.

MM. Becquerel et Niepce de Saint-Victor nous
ont prouvé qu'il n'était pas impossible d'obtenir les couleurs naturelles ; les magnifiques
expériences auxquelles ils se sont livrés et le

succès qu'ils ont obtenu , nous font entrevoir dans un avenir prochain la possibilité d'obtenir les images coloriées de la nature ; et plus récemment encore un journal d'Amérique nous a appris que M. Hill, leur compatriote, avait enfin résolu ce grand problème et que les couleurs naturelles avaient été trouvées par lui. Ce journal avait même inséré dans ses colonnes le rapport de cet habile opérateur, dans lequel il donnait lui-même quelques explications sur les résultats qu'il avait obtenus ; il était question d'une vue de soleil couchant, d'un portrait de son enfant, et d'une autre épreuve de vaches et de plantes avec les couleurs de la nature obtenues instantanément.

Cette découverte, si réellement elle existe, serait admirable, et alors on n'aurait plus rien à désirer. Mais il nous sera permis d'en douter jusqu'à preuve contraire ; cependant nous ne désespérons pas que bientôt cet habile photographiste ne nous envoie des spécimens de cette belle découverte.

Déjà MM. Niepce et Gaudin ont obtenu des portraits sur plaque d'argent, sans miroitage. Ces portraits laissent, à la vérité, quelque chose à désirer; mais le secret est livré, et bientôt d'habiles expérimentateurs apporteront des perfectionnements à ces nouveaux procédés.

M. Niepce de Saint-Victor est l'inventeur de la photographie sur verre; homme consciencieux et laborieux, il passe sa vie en recherches photographiques; nous lui devons déjà de très importantes communications sur cet art intéressant; qu'il persévère dans ses recherches, qu'il les publie avec le même désintéressement qu'il l'a fait jusqu'à ce jour, et si le gouvernement ne lui accorde pas un témoignage de sa satisfaction, il recevra du moins, et bien sincèrement, celui de tous les photographistes et de tous les amis de cet art merveilleux.

Au nombre des expérimentateurs habiles et des publicistes français qui ont le plus contribué et contribuent encore au progrès de la photographie, il faut citer les Blanquart Évrard, les Guillot-Saguez, les Bayard, les Humbert de Molard, les de Valicourt, les Legray, les Aubrée, et une foule d'autres dont les noms ne sont pas présents à notre mémoire.

L'enthousiasme qui semblait éteint s'est tout à coup ranimé sous l'influence des divers traités de photographie qui viennent d'être publiés, et sous celle non moins puissante d'un excellent journal héliographique hebdomadaire, dans les colonnes duquel chacun réclame la faveur, soit de voir insérer le résultat des expériences qu'il a faites, soit de divulguer une découverte ou les perfectionnements qu'il a apportés à tel ou tel procédé, dans la crainte d'être devancé. Les communications s'y succèdent sans interruption; le temps des secrets est passé. Il faut que la photographie progresse, il n'en peut être autrement; l'élan est donné, et toutes ces communications forment un faisceau de lumière d'où jaillira le progrès.

PRÉFACE.

Il a déjà été publié plusieurs traités de photographie sur plaque et sur papier; tous ont été fertiles en renseignements précieux, mais presque tous ont manqué par le côté pratique. Il ne suffit pas, en effet, d'exposer, de développer de belles théories relatives à tel ou tel procédé, il faut encore pouvoir mettre l'opérateur dans des conditions nécessaires et invariables pour obtenir constamment de bons résultats. C'est donc vers ce but que tendront mes efforts.

M'étant livré exclusivement à la photographie depuis sa naissance, j'ai, comme tous les expérimentateurs, éprouvé ces alternatives de succès et d'insuccès inhérentes à cette admirable découverte.

Les innombrables déceptions que j'ai eues dans les premiers temps du daguerréotype m'ont fait rechercher un procédé pratique qui pût m'y soustraire : j'y suis enfin parvenu. C'est donc pour initier les photographistes à des manipulations sûres et invariables que j'ai publié cette petite brochure. Avec elle et sans le secours d'aucun maître, ils obtiendront des portraits dont la pureté et la limpidité (si je puis me servir de cette expression) les surprendront agréablement. Je ne dois moi-même le succès que j'ai obtenu, depuis une année environ, qu'à la nouvelle manipulation pratique que je mets en usage dans mes ateliers, et surtout à l'influence de l'accélérateur auquel j'ai donné mon nom.

Les épreuves sur plaque qui sont exposées

dans Paris, et notamment à l'encoignure de la rue du Coq-Saint-Honoré, près ma maison, ont été obtenues avec mes nouveaux produits. Les témoignages de satisfaction que m'adressent tous les jours les photographistes, les meilleurs appréciateurs de cet art, me dispensent d'en faire l'éloge.

Je suis parvenu à rendre les substances accélératrices et photogéniques tellement fixes et invariables, qu'elles marchent mathématiquement et sans aucune variation. Ainsi, trois boîtes préparées avec mon accélérateur, donneront, pendant une ou deux années, constamment les mêmes résultats, c'est-à-dire pureté, beauté, vigueur et chaleur de tons.

C'est donc rendre un véritable service aux daguerréotypeurs, que de les soustraire à ces alternatives d'insuccès qui les désespéraient, en leur indiquant les moyens d'obtenir de très belles épreuves à chaque fois, et véritablement par tous les temps. J'indique un procédé de coloriage des épreuves métalliques, qui permettra aux daguerréotypeurs de donner aux plaques les nuances qu'ils voudront.

Bien que je sois l'ennemi de tout procédé qui consiste à retoucher les épreuves daguerriennes, il n'en est pas moins vrai que la majeure partie des personnes qui font faire leurs portraits les veulent coloriés ; ainsi, sous ce rapport, je crois qu'on me saura gré de ma communication.

La photographie sur papier a excité tant d'engouement, qu'à peine si on daignait regarder la plaque ; il a donc fallu redoubler de zèle et d'efforts pour maintenir la plaque métallique au premier rang de la photographie ; il ne nous a pas été difficile d'atteindre ce but, et la plaque, aujourd'hui, n'a pas encore de rivale.

Le papier est loin, très loin de la plaque, son

aînée, surtout pour les portraits, car si on en excepte le talent du peintre, qui fait presque tout le mérite des portraits qu'on voit sur nos boulevarts, on conviendra que la photographie, réduite à sa plus simple expression, est bien loin d'atteindre la beauté de la plaque métallique.

Cependant, malgré ma critique à l'égard du papier, il n'en est pas moins vrai que cette partie du daguerréotype a fait du progrès, surtout pour les vues; on doit les attribuer à M. Niepce et à son application de l'albumine au verre; si un jour, comme on ne peut en douter, on obtient un portrait sur verre, dans un temps normal, aussi bien que sur plaque, oh! alors, ce résultat sera incontestablement admirable; mais d'ici là on fera encore beaucoup de portraits sur plaques métalliques.

Je donne néanmoins un procédé de photographie sur papier et sur verre, avec lequel on

2

obtiendra de bons portraits en quelques secondes.

Mes vastes ateliers de photographie, situés à
Paris, rue du Coq-Saint-Honoré, dans la maison
d'un de nos plus célèbres marchands d'objets
d'art, Alph. Giroux et C°, sont disposés de
manière à pouvoir démontrer simultanément
mes divers procédés de photographie sur papier,
sur plaques et sur verre.

Les photographistes de province, qui vou-
draient faire essayer leurs objectifs par moi,
recevront un bulletin constatant les résultats
tels qu'ils auront été obtenus.

Je m'estimerai fort heureux si j'ai pu être
de quelque utilité aux photographistes.

MILLET.

PHOTOGRAPHIE SUR PLAQUE.

Première Partie.

CHAPITRE Iᵉʳ.

DU CHOIX DE L'OBJECTIF ET DES PLAQUES.

On ne saurait véritablement apporter trop de soins au choix d'un objectif, car de lui dépendent et la fortune et la réputation du daguerréotypeur. Pour en faire l'acquisition, il ne faut pas trop se presser, y mettre le prix, l'essayer plusieurs fois, non-seulement chez l'opticien toujours placé dans des conditions favorables à la vente de ses instruments, mais encore chez un habile daguerréotypeur.

Pour qu'il soit bon, il faut qu'il accuse les lignes bien nettes, bien arrêtées et sans nuages ; il faut qu'il éclaire uniformément l'objet qu'on veut reproduire sans la moindre aberration de sphéricité, qu'il ne grossisse pas les traits et les mains, et surtout qu'elles ne paraissent pas démesurément longues, qu'elles soient nettes aussi bien que la tête, que le bas du vêtement soit également net et au foyer. Il vaut mieux choisir un objectif un peu plus long de foyer que trop court, parce qu'alors on aura plus de netteté dans toutes les parties saillantes.

Les appareils que j'ai et avec lesquels j'opère sont français et ne laissent absolument rien à désirer ; ils coûtent moins cher que les allemands, et je les préfère.

Pour que les plaques se trouvent dans les conditions requises pour l'obtention d'un bon portrait, il faut qu'elles soient revêtues d'une couche d'argent assez épaisse pour recouvrir bien exactement le cuivre ; il faut que cet argent soit chimiquement pur. On ne peut arriver à ce résultat que par le galvanisme ; aussi, je ne me sers dans mes ateliers que des plaques argentées par les procédés de **Ruoltz**.

La beauté des résultats est incomparable, elles ont déjà été recommandées avant moi par un célèbre photographiste, le baron Gros.

Je ne puis faire différemment, dans l'intérêt des daguerréotypeurs, que de dire, comme lui : Argentez vous-mêmes vos plaques, ou prenez-en d'argentées par la galvano-plastie.

On trouve chez moi toutes espèces de plaques et généralement tout ce qui a rapport au daguerréotype.

CHAPITRE II.

NETTOYAGE DES PLAQUES.

La plaque neuve est recourbée sur les bords avec le recourboir mécanique, et pincée à chaque angle; elle est ensuite adaptée à la planchette à polir munie de quatre agrafes en argent; cette planchette est retenue et fixée elle-même à place au moyen d'un petit étau.

On commence par répandre sur la plaque une petite quantité de tripoli porphyrisé et lavé; ensuite, on s'arme d'un tampon de coton bien dégraissé, imbibé d'essence de lavande ou de citron, on la frictionne en tous sens, on ellipse en long, en travers, etc.; il se forme une crasse noire qu'il faut faire disparaître complétement avec d'autres tampons (on agit de la même manière pour une plaque fixée au sel d'or ou au chlorure d'or): quand elle est bien débarrassée de cette matière noire, on la saupoudre de tripoli de Venise sec, et on la frictionne de nouveau de la même manière avec un autre tampon imbibé d'esprit de vin jusqu'à ce qu'elle soit bien débarrassée de l'essence qui aurait pu y adhérer; on prend ensuite un autre tampon sec, on la frotte avec pour enlever ce qu'y a déposé le premier tampon; enfin on la frictionne encore une fois avec un autre tampon sec jusqu'à ce qu'elle paraisse bien claire.

Alors on a recours aux deux polissoirs en peau de daim pour terminer le brunissage. On commence d'abord par le premier, sur lequel on a répandu du rouge d'Angleterre, on frictionne bien la plaque en travers; ensuite, pour finir, on reprend le deuxième polissoir, sur lequel on n'a rien mis, et on la frotte bien en tous sens. Il faut observer que les derniers coups de polissoir doivent se donner en travers de l'objet qu'on veut reproduire.

CHAPITRE III.

IODAGE ET BROMURAGE DE LA PLAQUE PAR MES NOUVELLES PRÉPARATIONS.

La plaque ainsi nettoyée est époussetée avec un petit pinceau plat en martre, afin d'enlever les parcelles de poussière qui pourraient y adhérer.

Il faut observer de ne pas mettre la plaque trop chaude sur la boîte à iode; il faut attendre que le calorique produit par l'action du polissoir se soit dissipé, autrement on obtiendrait un iodage nuageux qui nuirait infailliblement au succès de l'opération. Ces précautions étant prises, on place la plaque sur ma première boîte, jusqu'à ce qu'elle ait pris la nuance jaune d'or foncé, alors on la fait glisser sur la deuxième boîte contenant de ma nouvelle préparation, on la laisse jusqu'à ce qu'elle ait pris la nuance lilas clair, ensuite on la remet de nouveau sur ma troisième boîte jusqu'à ce que la plaque ait pris une belle couleur lilas foncé.

Il est essentiel de ne pas dépasser cette nuance. La plaque ainsi préparée est mise dans le châssis à ressort, pour être exposée à la lumière de la chambre noire, dont le temps d'exposition variera de six à quarante secondes, suivant le diamètre de l'objectif, la longueur du foyer, l'intensité de la lumière et l'heure à laquelle on opère.

CHAPITRE IV.

EXPOSITION AUX VAPEURS MERCURIELLES.

Il faut chauffer le mercure jusqu'à 60 à 70 degrés ; alors on le tient constamment à cette température en réglant la flamme de la lampe de manière à ne pas la dépasser; alors on introduit la plaque dans la chambre à mercure et on la laisse l'espace de deux minutes sans la regarder. La chambre à mercure doit être renfermée dans un endroit très sombre.

Après ce temps on pourra s'assurer si elle a acquis toute la puissance de ton qu'on désire qu'elle ait ; ce qu'avec un peu d'habitude on reconnaîtra facilement.

CHAPITRE V.

FIXAGE DE LA PLAQUE.

La plaque qu'on veut fixer est d'abord trem-
pée dans une cuvette contenant de l'eau distillée;
après environ une demi-minute d'immersion,
on la retire et on la plonge dans une petite
quantité de la solution suivante qu'on aura
mise dans une autre cuvette ou dans une
assiette :

Composition de la solution.

Hyposulfite de soude. .   70 grammes.
Eau distillée. . . . .   1 litre.

On fait dissoudre le sel dans l'eau distillée et
on filtre; quand la plaque est en contact avec
cette solution, il faut la remuer constamment
jusqu'à ce que tout l'iode qui la recouvre ait
entièrement disparu; alors on la retire, on la
lave à l'eau ordinaire, ensuite à l'eau distillée:

on la met encore légèrement recouverte d'eau distillée sur le pied à chlorurer, on verse sur sa surface une quantité suffisante de chlorure ou sel d'or liquide pour former une épaisseur d'un sou; on chauffe le dessous de la plaque avec une forte lampe à esprit de vin jusqu'à ce qu'elle ait pris l'éclat dont elle est susceptible, ce que l'expérience apprendra bien vite ; quand on la juge suffisamment fixée, on la retire de dessus le support ou pied à chlorurer, on la lave avec de l'eau, ensuite avec de l'eau distillée, et on la sèche en la tenant sous un angle de 45 degrés, en promenant au-dessous une lampe à esprit de vin.

Je me sers de sel d'or Fordos et Gélis, préparation qui est d'une extrême commodité, puisqu'il n'y a qu'à faire dissoudre un gramme de ce sel dans un litre d'eau distillée pour obtenir une solution identique dans ses résultats.

Préparation du chlorure d'or liquide.

On fait dissoudre un gramme de chlorure d'or dans un demi-litre d'eau distillée.

Dans un autre demi-litre on fait dissoudre trois grammes d'hyposulfite de soude ; quand il est dissous, on verse la solution d'or dans celle d'hyposulfite en remuant fort pour opérer le mélange exact des deux liquides, et on filtre. Si au contraire on versait la solution d'hyposulfite dans le sel d'or, il aurait une décomposition et tout serait perdu.

Il faut conserver cette liqueur dans un endroit frais et à l'abri de la lumière,

CHAPITRE VI.

COLORIAGE DES PORTRAITS.

Pour faire adhérer les couleurs aux plaques, il suffit de faire fondre dans un litre d'eau distillée 30 centigrammes de gélatine très blanche; quand elle est fondue on filtre.

Voici de quelle manière il faut s'en servir.

Aussitôt que la plaque a été chlorurée et lavée à l'eau distillée, on la plonge dans cette eau gélatinée et on sèche avec la lampe à esprit de vin, sans faire autant que possible de temps d'arrêt.

Cette quantité de gélatine est suffisante pour faire prendre les couleurs admirablement bien.

PHOTOGRAPHIE SUR PAPIER.

Deuxième Partie.

Iʳᵉ SECTION.

Image Négative.

On prend une feuille de papier à lettre dite coquille superfine satinée et glacée de Paris (fabrique Canson); on la plonge pendant une demi-minute environ dans le bain suivant :

> Iodure de potassium...... 18 grammes.
> Cyanure de potassium.... 5 centigrammes.
> Eau distillée........... 260 grammes.

On fait dissoudre l'iodure et le cyanure de potassium dans l'eau distillée, ensuite on filtre.

On retire la feuille de papier de ce bain et on la suspend par un de ses angles à une épingle retournée en crochet; on la laisse ainsi sécher. On peut préparer autant de feuilles qu'on voudra ; elles se conservent indéfiniment.

Lorsqu'on voudra faire un portrait ou une vue, on prendra une feuille de papier ainsi préparé; on l'appliquera d'un seul côté sur la solution suivante pendant une minute environ si le papier est blanc; s'il est coloré, on attendra qu'il soit venu uniformément blanc dans toutes ses parties.

Préparation.

Nitrate d'argent	30 grammes.
Acide acétique	16 grammes.
Eau distillée	260 grammes.

Quand le papier est blanc on le laisse sur ce bain pendant une minute, ensuite on le retire et on l'applique promptement sur une glace sur laquelle on a déjà étendu une feuille de beau papier à lettre imbibée d'eau distillée; on passe dessus le tube en verre recommandé par M. Aubrée, afin de le débarrasser de tout liquide ruisselant, et on procède à l'exposition de la chambre noire.

La durée de l'exposition est de 50 à 60 secondes pour obtenir de beaux noirs, en pleine lumière. A l'ombre, c'est-à-dire dans l'appartement, on mettra un peu plus de temps ; on retire alors le châssis de la chambre noire ; on le portera dans le cabinet éclairé seulement par la lueur d'une veilleuse ou d'une bougie (toutes ces manipulations doivent être faites dans ces conditions de lumière) ; on en extrait la glace sur laquelle on verse une forte cuillerée de la solution suivante ; ou on verse de cette solution dans un verre ordinaire et à l'aide d'un fort pinceau en martre qu'on promènera bien uniformément à la surface de la feuille de papier qui a été exposé à l'action de la lumière ; on fera ainsi apparaître l'image. Ce moyen est le plus sûr et est très facile à manipuler, les épreuves ne sont pas exposées à être tachées comme avec le bain de cette solution.

Solution pour faire apparaître l'image.

Eau saturée d'acide gallique ; elle se prépare

en ajoutant à un demi-litre d'eau distillée autant d'acide gallique qu'elle en peut dissoudre,
ce qu'on reconnaîtra au résidu restant qu'il ne
faudra pas perdre; quand elle sera faite, on la
filtrera, on y ajoutera quelques gouttes d'acétate
d'ammoniaque recommandé par MM. Humbert
de Molard et Aubrée; sous l'influence de cette
solution, l'image ne tarde pas à apparaître dans
les meilleurs conditions. Voici une autre solution d'acide gallique qui m'a toujours bien
réussi, elle se prépare de la manière suivante :

Eau distillée......... 1 litre.
Acide gallique....... 2 grammes.

On fera dissoudre l'acide, on ajoutera quelques gouttes d'alcool et on filtrera ; elle s'em-
ploie de la même manière que la précédente.
Quand on jugera l'épreuve suffisamment venue,
c'est-à-dire que les noirs seront bien noirs et
les blancs bien conservés, on arrêtera l'action
de cette solution en plongeant la feuille de papier dans une bassine remplie d'eau, il faudra

changer l'eau plusieurs fois de suite et après on procédera au fixage de l'épreuve de la manière suivante :

Si on omettait de la changer d'eau plusieurs fois, la réaction de l'acide gallique aurait encore lieu dans l'eau ; il formerait une plus grande quantité d'oxide d'argent qui compromettrait l'épreuve en lui communiquant un vilain ton uniformément gris.

Fixage de l'épreuve négative.

On fait dissoudre :

30 grammes de bromure de potassium dans 260 grammes d'eau distillée.

Quand le sel est fondu, on y plonge l'épreuve et on la laisse ainsi en contact pendant un quart d'heure. Après ce temps, on la lave à grande eau, on la fait sécher en la suspendant comme je l'ai déjà indiqué ; elle sera prête à donner autant d'épreuves positives qu'on voudra. Si on veut obtenir plus de douceur et un pointillé d'argent plus fin, il faut cirer l'épreuve ; cette opération se fait de la manière que voici : on râcle de la cire blanche sur le dos de l'épreuve de manière à l'en recouvrir : on met ensuite cette épreuve entre deux feuilles de papier blanc et on promène un fer chaud sur le papier de manière à faire fondre la cire ; quand elle est fondue et qu'elle a imprégné bien uniformément l'épreuve négative, on la remet de nouveau entre deux nouvelles feuilles de papier et on promène encore le fer jusqu'à ce qu'enfin le papier reste blanc et n'absorbe plus de cire.

IIe SECTION.

Image Positive.

1er Bain.

On met dans une cuvette en porcelaine les substances suivantes :

    Eau distillée................ 260 grammes.
    Sel ordinaire très blanc...... 18 grammes.
    Sel ammoniac............... 2 grammes.
    Une pincée de fécule de pomme de terre.

On met la cuvette sur un feu très doux, on remue le tout avec une cuillère en bois jusqu'à ce que le mélange ait pris la consistance d'une bouillie très claire; alors on la retire du feu et on applique à sa surface, d'un côté seulement, une feuille de papier fort Canson, glacé et satiné. On la laisse ainsi en contact pendant 5 à 6 minutes, on la retire et on la fait sécher; on la suspend par un de ses angles. On en prépare ainsi le nombre de feuilles qu'on désire; ce papier se conserve très bien à l'abri de l'humidité; cette opération se fait en pleine lumière. Il est utile de marquer d'une croix avec un crayon le côté du papier qui aura été imprégné de sel.

Quand on veut se servir de ce papier pour obtenir une épreuve positive, on le dépose à plat du côté marqué de la croix, c'est-à-dire de celui qui a été en contact avec le sel, sur le bain suivant (cette opération doit être faite dans un cabinet noir éclairé seulement par la lueur d'une bougie) :

2me Bain.

Eau distillée........ 260 grammes.
Nitrate d'argent..... 30 grammes.

On fait fondre le nitrate d'argent et on filtre.

Cette solution est mise dans une cuvette de porcelaine ou de verre, on laisse la feuille de papier quatre minutes environ sur ce bain, on la retire et on la suspend par un de ses angles dans le cabinet noir, on la laisse ainsi sécher; quand elle est sèche, on l'enferme entre deux feuilles de papier à filtrer à l'abri de la lumière, pour s'en servir au besoin.

Il ne faut préparer de ce papier que la quantité nécessaire, car il finirait par s'altérer après quelques jours de préparation ; il serait bien de ne préparer les papiers positifs que le soir pour le lendemain : on n'aurait pas, en agissant ainsi, à redouter l'influence de la lumière.

Reproduction de l'image négative en positive.

Quand on voudra reproduire l'image négative en une positive, on se munira d'un de mes châssis, qui sont excellents, en ce qu'ils permettent de regarder l'image à volonté sans la déranger.

On appliquera sur la glace du châssis l'épreuve négative, l'image faisant face ; on mettra sur cette image la feuille de papier préparée avec le nitrate d'argent (positive), le côté nitraté en contact avec l'image ; on remet sur ces deux feuilles de papier la planchette à charnières du châssis et on l'expose au soleil jusqu'à ce que le portrait soit au point qu'on désire ; il faut toujours le tenir un peu plus foncé que trop pâle, car trop faible il ne pourrait supporter l'action de l'hyposulfite sans s'effacer en partie.

Fixage du portrait positif.

Hyposulfite de soude...... 95 grammes.
Chlorure d'argent......... 1 gramme.
Eau distillée............. 1 litre.

On fait fondre ; cette solution n'a pas besoin d'être filtrée pour fixer le portrait, on le plonge au sortir du châssis dans la solution d'hyposulfite ci-dessus, on l'y laisse pendant une heure environ, après on le retire et on le laisse tremper pendant deux heures dans une terrine remplie d'eau ordinaire ; après on le sèche.

Pour la coloration des épreuves positives, voici ce qu'il faudra faire ; M. Blanquart-Évrard, et avant lui M. Aubrée, avait déjà indiqué de semblables moyens, mais comme tous les photographistes ne les connaissent pas ils me sauront gré de mes communications.

Pour obtenir des épreuves d'un ton vigoureux et bien noir, on opère de la manière suivante :

On laissera séjourner l'épreuve positive dans le premier bain ci-dessus pendant un quart d'heure environ, ensuite on le retirera de ce bain sans le laver et on le plongera dans le bain suivant jusqu'à ce qu'elle ait pris la nuance qu'on voudra lui donner. Il faudra que l'opérateur surveille l'action de ce bain de manière à ne pas dépasser l'effet qu'il désire obtenir.

Composition du bain.

Eau distillée.............. 250 grammes.
Hyposulfite de soude...... 15 grammes.
Acide acétique........... 2 grammes.

Faites fondre l'hyposulfite et ajoutez l'acide acétique.

Autre bain, couleur violacée.

Eau distillée............ 250 grammes.
Hyposulfite de soude...... 15 grammes.
Ammoniaque............ 15 grammes.

Faites dissoudre l'hyposulfite, ajoutez l'ammoniaque.

Autre bain, ton doré et très chaud.

Eau distillée........... 250 grammes.
Hyposulfite de soude..... 15 grammes.
Chlorure d'or.......... 1 gramme.

Faites dissoudre l'hyposulfite, ajoutez le sel d'or et filtrez.

Il est bien entendu qu'il faut toujours avoir fixé son épreuve positive avec le premier bain avant de se servir de l'un ou de l'autre de ceux-ci; il ne faut pas laver l'épreuve au sortir du premier bain, mais bien la mettre dans celui qu'on voudra, encore toute imprégnée du premier bain; après on la lave à grande eau et on la laisse macérer pendant une heure dans une terrine remplie d'eau.

J'élabore en ce moment un nouveau procédé pour obtenir des épreuves négatives par la voie sèche ; voici du reste comment j'opère dès à présent :

Je prends une feuille de papier positif, je la mets dans le châssis de la chambre noire et je procède à l'exposition, qui dure deux à trois heures au soleil ; l'image est visible sans avoir recours à aucun agent chimique, je la fixe par l'hyposulfite, comme la positive ordinaire. Ce procédé étant encore trop lent pour pouvoir l'appliquer aux portraits, je n'en parle que comme une découverte ayant besoin d'être perfectionnée.

Je publierai plus tard mon nouveau procédé pour obtenir des épreuves directes par la voie sèche. J'ai besoin de faire quelques expériences avant de le livrer à la publicité.

PHOTOGRAPHIE SUR VERRE.

Troisième Partie.

PRÉPARATION DES FEUILLES DE VERRE.

On prend :

6 blancs d'œufs.
Iodure de potassium........ 3 grammes.
Sel blanc pulvérisé........ 1/2 gramme.

On met ce mélange dans une assiette creuse ;
on bat le tout ensemble à l'aide d'un petit balai
en osier, jusqu'à ce qu'il se soit formé une masse
d'écume blanche ; alors on verse le tout dans un
petit poêlon en terre vernie, à bec et à manche ;
on l'abandonne à lui-même jusqu'à ce que l'é-
cume soit devenue liquide ; alors on rejette la
partie écumeuse qui surnage.

On place sur le support d'un pied à chlorurer une feuille de verre en glace bien plane,

exempte de raies et de globules, parfaitement nettoyée à l'esprit de vin et débarrassée de tout corps gras; on verse sur la surface du mélange albumineux jusqu'à ce qu'il forme l'épaisseur d'un sou.

Cela fait, on prend une forte lampe à esprit de vin, qu'on promène bien uniformément sous toute l'étendue de la surface inférieure de la glace ; il faut chauffer promptement et de manière à faire adhérer l'albumine sans la coaguler ; le but qu'on se propose est de faire adhérer parfaitement au verre la couche d'albumine sous-jacente, car il ne faut pas avoir la prétention de vouloir faire adhérer au verre tout le liquide qui est à sa surface; on n'y parviendrait que par la coagulation, alors tout serait perdu.

Quand on juge qu'on a suffisamment chauffé la plaque de verre, ce qu'on reconnaîtra à son léger aspect laiteux, on la prend et on verse l'excédant bien promptement, et aussi promptement que possible on passe , comme si on agissait sur une plaque fixée, la lampe sous la feuille de verre ; pour la sécher, il faut prendre beaucoup de précautions ; mais avec un peu d'habitude, on verra que cette manipulation n'est pas difficile.

La plaque de verre ainsi préparée peut se conserver indéfiniment. Il faut ensuite exposer cette feuille de verre ainsi albuminée à la vapeur de l'iode jusqu'à ce qu'elle ait pris une belle couleur jaune d'or.

Quand on veut s'en servir pour une vue ou autres reproductions, on verse dans une cuvette en porcelaine une solution d'acéto-azotate d'argent préparée comme il suit :

> Nitrate d'argent......... 30 grammes.
> Acide acétique.......... 30 grammes.
> Eau distillée.......... 260 grammes.

On fait fondre le sel, on ajoute l'acide acétique à l'eau distillée et on filtre.

On prend alors la feuille de verre, on la

la plonge d'un seul coup dans cette solution, on laisse en contact pendant trois à quatre secondes environ, on la retire promptement, on la laisse égoutter, et encore tout humide, on la met dans le châssis de la chambre noire, et on procède à l'exposition de la chambre noire. Le temps variera entre une et quatre minutes au soleil, suivant l'heure et l'intensité de la lumière et la longueur du foyer de l'objectif.

Pour faire apparaître l'image, il faut mettre dans une cuvette une solution saturée d'acide gallique. Cette solution est préalablement chauffée sur un feu doux; alors on y plonge la plaque de verre; l'image apparaît peu à peu et lentement, jusqu'à ce qu'enfin elle ait pris tout son éclat et son entier développement; on la retire, on la lave à grande eau et on la fixe de la manière suivante :

Eau distillée............ 260 grammes.
Hyposulfite de soude..... 15 grammes.

On immerge la plaque de verre dans cette

solution pendant une demi-heure; après on la retire, on la lave à grande eau et on la laisse sécher.

Cette plaque de verre ainsi fixée peut servir au tirage d'autant d'épreuves positives qu'on voudra; pour cela, il faudra opérer absolument de la même manière que pour le papier; le verre remplacera la feuille de papier négative, il sera mis en contact avec une feuille de papier positif et exposé au soleil'; le temps d'exposition sera moindre eu égard à sa transparence. On agira pour la positive absolument comme pour le papier.

J'ai cru être utile aux photographistes de province en tenant à leur disposition tous les articles de photographie relatifs à la plaque et au papier. Ainsi, ils trouveront chez moi toutes les substances chimiques dont ils auront besoin : mes prix seront ceux de fabrique.

Ils trouveront également chez moi l'accélérateur Millet, nouvelle substance fixe et inva-

riable pour impressionner les plaques; trois
boîtes préparées par moi, avec mon accélérateur, donnent pendant une année constamment
les mêmes résultats, c'est-à-dire que je garantis
qu'on obtiendra constamment et par tous les
temps de magnifiques portraits, et bien supé-
rieurs, pour la vigueur et la chaleur des tons, à
tout ce qu'on a fait jusqu'à présent, et on obtiendra constamment de très beaux noirs sans
voiles, et de très beaux blancs sans solarisa-
tion; il faut pour cela, en se servant de mon
accélérateur, prendre des plaques galvanisées.

www.ingramcontent.com/pod-product-compliance
Ingram Content Group UK Ltd.
Pitfield, Milton Keynes, MK11 3LW, UK
UKHW031758170726
13836UKWH00003B/1041